RAPPORT

ADRESSÉ

A L'ASSEMBLÉE COLONIALE

DE LA GUADELOUPE;

PAR ordre du Comité de Messieurs les Habitans & Propriétaires, dans cette Colonie, séant à Paris.

PAR M. DE CURT,

Commissaire-Rapporteur du Comité, Député à l'Assemblée Nationale.

A PARIS,

De l'Imprimerie de GRANGÉ, rue de la Parcheminerie.

1789.

RAPPORT

ADRESSÉ

A L'ASSEMBLÉE COLONIALE

DE LA GUADELOUPE,

PAR ordre du Comité de Messieurs les Habitans et Propriétaires, dans cette Colonie, séant à Paris.

Par M. DE CURT,

Commissaire-Rapporteur du Comité, Député à l'Assemblée Nationale.

MESSIEURS,

» SAINT-DOMINGUE venait d'obtenir
» l'entrée à l'Assemblée Nationale, & rien
» n'annonçait encore que vous eussiez fait des

» démarches pour y porter vos vœux et vos
» réclamations. Privés depuis long-tems de
» votre défenseur naturel, puisque votre
» Député n'était point nommé, vous eussiez
» perdu le moment de la régénération desirée
» & sanctionnée par le meilleur des Rois, si
» vos frères, présens à Paris, n'eussent veillé
» à la conservation de vos droits les plus
» légitimes.

» Ils cherchaient des moyens qui pussent
» se concilier avec vos intérêts, et avec le
» respect dû à l'autorité, lorsqu'ils reçurent
» le procès-verbal des délibérations de votre
» Assemblée Coloniale, tenue au mois de
» Février dernier, en vertu de l'Ordonnance
» de Sa Majesté, du 17 Juin 1787 ».

Votre vœu d'être représentés à l'Assemblée Nationale, s'y trouve exprimé d'une manière si précise, qu'il n'y eut qu'un avis pour en solliciter le succès. Vos frères, présens à Paris, se convoquèrent chez M. *de Curt*, le 28 Juillet dernier; et après avoir examiné, avec l'attention la-plus scrupuleuse, les moyens & les formes qui pouvaient ennoblir leurs démarches, ils prirent la délibération suivante.

« Nous soussignés Habitans et Propriétai-
» res dans la Colonie de la Guadeloupe,

» assemblés à Paris, en l'hôtel de M. *de Curt*,
» d'après le vœu connu et exprimé dans le
» procès-verbal des délibérations de l'Assem-
» blée Coloniale de ladite Ile, tenue au mois
» de Février 1789, lequel procès-verbal
» restera annexé à la minute des présentes,
» avons choisi et nommé par la voie du scru-
» tin, M. *Guillon* Président de notre Assem-
» blée, lequel a bien voulu accepter ».

M. le Président ayant pris séance, nous avons procédé, par la même voie, à la nomination d'un Commissaire - Rapporteur, et les voix recueillies au scrutin, se sont réunies en faveur de M. *de Curt*, qui a pris séance en cette qualité.

Alors, il a été proposé de nommer quatre Commissaires, qui, réunis aux Président et Commissaire-Rapporteur, seraient autorisés à représenter les Colons dans toutes les démarches que la prudence pourrait leur suggérer.

L'avis ayant été unanimement adopté, le choix est tombé, à la pluralité des voix recueillies au scrutin, sur Messieurs le Marquis *de Dampierre*, *de Boyvin*, *le Comte de Galbert* et *Dubois*, lesquels ont accepté et promis, de concert avec Messieurs les Président & Commissaire-Rapporteur, de s'occuper, sans délai, de mettre aux pieds du Roi le vœu de la Guadeloupe, d'être représentée à l'Assemblée Nationale.

Ensuite, M. le Président a ouvert l'avis de choisir des Suppléans, en cas d'absence et de maladie. L'Assemblée a nommé, en conséquence, Messieurs le Chevalier *de Fillassier*, *de Cabanis*, *Gobert* et *Rannoué*, lesquels ont aussi accepté.

Fait à Paris, le 28 Juillet 1789. *Signé* à la minute, *Guillon*, Président, *Dampierre*, *Boyvin*, le Comte de *Galbert*, *Dubois*, *Poyen*, *Deligny*, *Pujol de Châteaubrun*, *Fillassier*, *Delorme*, *Gobert*, *Zénon Douillard*, *Lacombe*, *Sargenton*, *Pinel de la Palun*, *Chabert de la Charriere*, *Pierre Rolland*, *Giraud de Charbonniere*, *Thomi le Mesle*, *Mercier*, *Disangremel*, *Legrand*, *Couppé de Kervennou*, *Cabanis*, *Beudier de Saint-Alban*, *Preaux*, *Vertille*, *Coudroy*, *Lemercier de Beauvoisin*, *Butel de Saint-ville*, *Beauplan*, *Rannoue*, le Président *Tascher*, pour Madame la Baronne *Yvers de Villiers*, le Chevalier *de Saint-Pierre*, le Chevalier *de Malvault*, *Courtois*, *Papin*, & *de Curt*, Commissaire-Rapporteur.

L'Assemblée s'étant ajournée au lendemain 29 Juillet, le Commissaire-Rapporteur en fit l'ouverture par le discours suivant:

MESSIEURS,

» L'Assemblée vient de reconnaître les
» Députés de la Colonie de Saint-Domingue;
» vous n'attendiez que cette décision, pour
» présenter le vœu de la Guadeloupe, et de-
» mander, en vertu de la délibération una-
» nime de son Comité colonial, que la même
» faveur lui fût accordée.

» Que de motifs pour la desirer, Messieurs!
» et que ne devez-vous pas attendre du suc-
» cès de vos démarches ! En effet, quelle
» époque plus intéressante pouviez - vous
» choisir pour approcher du Trône ? Vous y
» arrivez au moment où le Roi le plus chéri,
» le plus digne de l'être, se livre tout entier
» à la régénération de son Empire ; au mo-
» ment où tous les Ordres réunis, ne formant
» plus qu'une seule et même famille, n'ont
» aussi qu'un seul et même but, la gloire du
» Monarque et le bonheur de tous.

» Dans une circonstance aussi heureuse,
» Messieurs, ne perdez pas un instant pour
» députer vers le Ministre de la Marine pro-
» tecteur-né des intérêts des Colonies, c'est
» à lui de présenter au Roi vos vœux et vos
» hommages, à lui que vous devrez la con-
» naissance et la combinaison des formes

» que vous avez à prendre, tant pour renou-
» veller à Sa Majesté, les sentimens d'amour
» et de respect dont vous êtes pénétrés,
» que pour embrasser tout ce qui peut con-
» courir au plus grand avantage de la Guade-
» loupe.

» Ne pensez - vous pas aussi, Messieurs,
» qu'il convient de vous réclamer de vos frè-
» res de Saint - Domingue ? Vous avez joui
» de leurs succès, et leur bonheur sera de
» contribuer aux vôtres. Amitié, conseils,
» assistance, secours, ils vous offrent tout ce
» qu'ils peuvent offrir, et vous savez, Mes-
» sieurs, jusqu'à quel point on peut se repo-
» ser sur la foi créole. Honneur, franchise,
» loyauté, voilà le premier appanage des
» Colons, ces braves et incorruptibles Ci-
» toyens, qui n'ont cessé de sacrifier à la chose
» publique, et qui vivront fiers de leur liberté,
» parce qu'ils sont dignes de la défendre.

» C'est à cette réputation acquise de tous
» les tems, si bien soutenue dans toutes les
» circonstances, que nos frères de Saint-Do-
» mingue ont dû l'admission que vous sol-
» licitez : vous l'obtiendrez, Messieurs, parce
» que les mêmes vertus vous y donnent les
» mêmes droits. Vous vous présenterez à
» l'Assemblée nationale, l'Histoire de la

» Guadeloupe à la main ; cette Assemblée au-
» guste y verra plus d'un siècle de dévoûment
» et de fidélité à la mère-patrie ; elle y verra
» trois sièges soutenus par votre seule bravou-
» re ; elle y verra vos biens sacrifiés au serment
» que vous aviez fait de vivre et de mourir
» Français ; elle y verra vos Corsaires armés
» de votre plus brillante jeunesse, détruire le
» commerce de l'Angleterre, lors même que
» ses vaisseaux parcouraient en vainqueurs,
» l'un et l'autre océan ; elle y verra la cons-
» tance que vous avez opposée aux entraves
» d'une administration souvent inepte, rare-
» ment juste, toujours absolue ; elle s'y con-
» vaincra de la sagesse avec laquelle vous
» avez dirigé vos Assemblées Coloniales ;
» enfin, elle y connaîtra plus que jamais ce
» qu'elle doit attendre d'une Colonie qui,
» avec une population de seize mille ha-
» bitans et de cent vingt mille esclaves, ali-
» mente le commerce de France de trente
» millions de denrées exportées , année
» commune, par cent navires expédiés de
» ses différens ports ; d'une Colonie qui paye
» un million d'impositions locales, et chez
» laquelle le Gouvernement trouvera un ex-
» cédent de recette, quand les dépenses se-

» ront réduites aux véritables principes d'é-
» conomie ».

» Quel espoir, Messieurs, ne doivent pas
» vous inspirer tant de considérations réu-
» nies, et combien il m'est précieux de vous
» les rappeller ! Si j'aime avec passion ce
» qui honore les Colonies, j'aime, par-dessus
» tout, les vérités qui font la gloire de la
» Guadeloupe, et le plus beau jour de ma
» vie serait celui où j'aurais pu la servir
» d'une manière utile ».

Après le discours de son Commissaire-
Rapporteur, l'Assemblée arrêta unanimement,

1.º Que ses Commissaires se rendraient
incessamment à Versailles, auprès du Ministre de la Marine, pour lui rappeller le vœu
de la Guadeloupe, à lui adressé au mois de
Février dernier ; pour lui exposer les motifs
qui ont décidé les Colons, présens à Paris,
à s'assembler ; pour le prier d'en rendre
compte au Roi, et de solliciter des bontés
paternelles de Sa Majesté, l'approbation de
leurs démarches.

2.º Que le Commissaire-Rapporteur serait
chargé d'exprimer à Messieurs les Députés
de Saint-Domingue, la reconnaissance des

habitans de la Guadeloupe, pour les sentimens fraternels qu'ils leur ont témoignés par le ministère de M. le Comte *de Magallon.*

3.º Que le Commissaire-Rapporteur s'occuperait, sans délai, d'une Requête à l'Assemblée Nationale, expositive du vœu général, et des droits de la Colonie d'y être représentée.

4.º Qu'il serait écrit à M. le Directeur-Général des finances, aussi-tôt après son arrivée, pour le complimenter sur son retour, et lui demander le jour où il recevrait l'hommage des Colons.

Ces délibérations prises, l'Assemblée s'ajourna au Lundi 3 Août.

M. *Guillon*, qui la présidait, voulut prouver, dans un discours éloquent et modeste, qu'il était de l'intérêt de l'Assemblée, de se choisir un nouveau Président : il eut l'art de rappeller son âge, ses infirmités, et de conclure que tout se réunissait pour faire accepter sa démission.

M. le Marquis *de Dampierre*, dont les services ont été si utiles aux intérêts de la Colonie, s'éleva contre une motion qui tendait à priver l'Assemblée d'un Président qui lui était aussi cher que nécessaire, par ses vertus et ses talens; il proposa de lui donner un Adjoint, et toutes les voix se réunirent pour solliciter M. *Guillon*, et le Marquis *de Dampierre*, de partager les fonctions de la Présidence.

M. le Président *de Tascher*, ancien Intendant-Général des Iles du Vent, avait été invité à assister aux Assemblées de la Guadeloupe : ayant pris séance le 3, il parla en ces termes.

« Je n'ai, Messieurs, aucun titre pour
» faire partie de cette respectable Assemblée,
» que celui de la confiance de Messieurs les
» Colons qui ont bien voulu m'y inviter; ce
» titre, à la vérité, est le plus précieux pour
» moi; il comble, il passe même mes espé-
» rances, mais j'ai l'honneur de déclarer à
» l'Assemblée, qu'en lui offrant le tribut et
» l'hommage de mes conseils, puisqu'on a
» bien voulu me les demander, je ne peux
» me permettre d'y accepter aucunes autres
» fonctions, pensant qu'elles doivent être
» réservées aux personnes qui sont nées, ou
» possèdent des biens dans la Colonie ».

M. le Président répondit que « tous les
» Colons en général, et chacun d'eux en par-
» ticulier, revoyaient avec plaisir et recon-
» naissance, un Administrateur qui avait

» régi les Colonies assez long-tems pour sa
» propre gloire; mais pas assez pour le bon-
» heur de leurs habitans ».

M. *de Curt* rendit le compte de sa mission
auprès de Messieurs les Députés de Saint-Domingue, et renouvella, de leur part, à l'Assemblée, leur desir de faire cause commune.

M. le Vicomte *de Galbert* annonça que le
Ministre de la Marine mettrait volontiers
sous les yeux du Roi, les motifs et les vœux
des habitans de la Guadeloupe, et qu'il recevrait, avec plaisir, les Commissaires chargés
de leurs intérêts.

L'Assemblée, vivement touchée de ces
dispositions favorables, arrêta unanimement:

Que les Commissaires se retireraient le
Vendredi, 7 du mois, par-devers le Ministre
de la Marine, pour lui exprimer, au nom de
tous les Colons, le sentiment de la plus res-
pectueuse reconnaissance, et le prier de présenter au Roi une lettre qui serait rédigée par
le Commissaire-Rapporteur.

Ensuite, l'Assemblée s'ajourna au Jeudi 6,
pour sanctionner la lettre au Roi, et l'adresse
à l'Assemblée nationale.

Le même jour, l'Assemblée approuva ces
deux écrits.

Le 8, elle nomma, pour ses Députés vers

l'Assemblée Nationale, Messieurs *Guillon, de Curt*, le Marquis *de Dampierre, de Boyvin*, le Vicomte *de Galber* tet *du Bois*.

Le 11, elle se fit rendre compte des démarches faites par ses Députés, et M. *de Curt*, l'un d'eux, parla en ces termes :

« Vous aviez chargé vos Députés de la plus
» honorable mission ; c'est par mon ministère
» qu'ils viennent vous en rendre compte.

» Nous avons, Messieurs, présenté, le 7
» de ce mois, au Ministre de la Marine la
» lettre au Roi, que vous aviez sanctionnée
» dans une de vos précédentes Assemblées.
» M. le Comte *de la Luzerne*, en nous accueil-
» lant, comme les Députés d'une Colonie tou-
» jours constante dans son attachement à la
» chose publique, nous avait assurés, d'avance,
» des intentions favorables du Roi, et dès le
» lendemain, il nous adressa, par ordre de
» Sa Majesté, la lettre dont vous avez pris
» connaissance.

» Cette lettre, Messieurs, par laquelle le
» Roi le plus juste, confirme vos droits, ap-
» prouve les démarches qui vous restent à
» faire pour votre admission à l'Assemblée
» Nationale, est le plus beau titre que jamais
» la Guadeloupe ait obtenu. Elle porte dans
» vos cœurs la joie, la reconnaissance ; et

» vous voudriez qu'elle fût déjà entre les
» mains de vos frères absens, qui, de ce mo-
» ment, jouiraient du succès de votre zèle
» à solliciter la cause commune.

» Vous aurez aussi à les instruire, Messieurs,
» de l'accueil que vous avez reçu de M. le
» Président de l'Assemblée Nationale, lors-
» que vos Députés ont demandé audience ;
» M. *le Chapelier*, parvenu à cette dignité
» éminente par des talens et des vertus,
» écrivit à vos Représentans ».

*Nous sommes si occupés, Messieurs, qu'il
me serait bien difficile de vous faire donner
audience aujourd'hui ; je vous prie de remettre
à demain le moment où vous vous ferez entendre à l'Assemblée Nationale.*

*Je serai bien aise d'ailleurs, de savoir ce que
vous direz, et ce que vous demanderez à l'Assemblée, afin que je puisse vous répondre.*

Je suis, &c. Signé, Le Chapelier, Président de l'Assemblée Nationale.

« Votre Commissaire-Rapporteur s'empressa
» d'exécuter ses ordres ; en lui communi-
» quant la requête que vous aviez sanction-
» née, et le lendemain, votre députation
» ayant eu l'honneur d'être admise, M. *de*
» *Curt* porta la parole, et dit :

MESSEIGNEURS,

» Au moment où l'Assemblée Nationale
» admettait dans son sein les Députés de
» Saint-Domingue, où, guidée par ces sen-
» timens de justice et d'énergie, dont la
» combinaison produit de si heureux effets;
» cetteAssemblée auguste jugeait la cause des
» Colonies; la Guadeloupe, pénétrée du be-
» soin de se faire entendre; exprimait son vœu
» d'être représentée. C'est ce vœu unanime,
» établi par une décision légale, que nous
» sommes chargés de vous apporter. Dépu-
» tés vers vous par les habitans de la Gua-
» deloupe, nous venons réclamer nos droits,
» comme enfans de la même famille, et ces
» droits, vous les avez déjà consacrés.

» En vous suppliant de fixer les députa-
» tions que la Guadeloupe doit avoir, d'or-
» donner les formes qu'elle doit suivre dans
» ses élections, nous avons encore un nou-
» veau bienfait à vous demander, c'est d'ad-
» mettre nos Députés nommés provisoire-
» ment, jusqu'à ce qu'ils soient confirmés ou
» remplacés, selon les formes que vous pres-
» crirez dans votre sagesse. Vous ne balan-
» cerez pas à accueillir nos réclamations, si
» vous daignez considérer que la Guadelou-
» pe, placée à quinze cents lieues de la Mé-
» tropole,

» tropole, perdrait plus de six mois avant
» d'être représentée ; si vous considérez sur-
» tout, qu'au moment où vous vous occupez
» de la Constitution, il est de la dernière
» importance pour le bien général, que cette
» Colonie intéressante puisse vous rendre
» compte de tous les objets de localité, qui
» commandent si impérieusement les modifi-
» cations dans le régime, et dont la con-
» naissance exacte peut seule conduire à la
» perfection des loix.

» Après avoir pesé, dans votre justice, les
» raisons puissantes qui militent en faveur
» de notre admission prochaine, daignez
» vous rappeller que nous parlons pour une
» Colonie qui, depuis cent cinquante ans »,
s'est particulièrement distinguée par son attachement à la mère Patrie ; qui a soutenu trois
sièges, sans autre secours que son propre courage ; qui a vu piller, dévaster, incendier ses
biens, sans vouloir se soumettre à une domination étrangère ; qui, au prix du sang de
sa plus brillante jeunesse, a su détruire le
commerce des Anglais, lors même que leurs
vaisseaux parcouraient en maîtres, l'un et
l'autre océan, « et qui depuis, livrée à des
» soins plus utiles et plus doux, alimente le
» commerce national de quarante millions de

B

» denrées coloniales, consomme à grands
» frais beaucoup d'objets de vos manufac-
» tures, et ne demande pas mieux que de
» fortifier les rapports qui doivent unir, à
» jamais, les Colonies à la Métropole.

» Tels sont les titres dont la Guadeloupe
» peut s'honorer à vos yeux ; sa population
» s'élève à seize mille habitans, et dans ce
» nombre, il n'en est pas un seul qui ne soit
» pénétré d'admiration et de respect pour les
» Membres de cette auguste Assemblée,
» qui n'eût voulu partager les travaux et les
» dangers dont elle se glorifie, qui ne fût
» prêt à sceller de son sang, son amour pour
» la chose publique, et pour le Roi Citoyen
» que vous venez de déclarer le Restaurateur
» de la liberté de la France ».

M. *de Curt* ayant cessé de parler, M.
le Président répondit que l'Assemblée Nationale recevait, avec plaisir, les hommages et
la députation de la Guadeloupe, et qu'elle
prendrait sa demande en considération. Des
applaudissemens honorables accompagnèrent
ensuite vos Députés.

« Telle est, Messieurs, la conduite que
» nous avons tenue pour remplir vos inten-
» tions, et répondre à votre confiance.

» En vous annonçant des succès, c'est

» prouver la sagesse de vos délibérations ;
» qui seules ont dirigé nos démarches ; c'est
» sur-tout démontrer, jusqu'à l'évidence, les
» principes de justice qui dictent les décrets
» de l'Assemblée Nationale ».

Ce rapport entendu, Messieurs, l'Assemblée de vos frères déclara qu'elle voyait avec reconnaissance la conduite de ses Députés.

Considérant ensuite qu'il était de la dernière importance de solliciter leur admission ; elle proposa à M. *de Curt* de s'établir à Versailles, à la suite de l'Assemblée Nationale, en l'autorisant :

1.º A délivrer expédition de toutes les piéces nécessaires à l'examen des pouvoirs, renvoyé au Comité de vérification.

2.º A faire tout ce que la prudence pourrait lui dicter pour accélérer le décret de l'Assemblée Nationale.

3.º A se donner un Secrétaire, aux frais de la Guadeloupe.

M. *de Curt* observa, qu'en consacrant bien volontiers tout son tems au service d'une Colonie qui lui serait toujours chère, il desirerait d'être assisté dans ses démarches, par les autres Députés qui pourraient, l'un après l'autre, venir passer deux jours à Versailles.

Il proposa ensuite de faire lecture d'une lettre qu'il recevait, dans l'instant même, du premier Ministre des Finances. On arrêta, par acclamation, que cette lettre, et celle qui lui avait été écrite, seraient jointes au procès-verbal de la séance du jour, et que ses Députés iraient à Versailles, lui renouveller les hommages de la Guadeloupe.

LETTRE au premier Ministre des Finances.

Les Colons de la Guadeloupe qui se trouvent actuellement à Paris, se sont assemblés pour délibérer sur les moyens de vous porter leurs vœux et leurs hommages. Ils ont, en conséquence, chargé Messieurs Guillon, le Marquis de Dampierre, de Boyvin, de Galbert, du Bois et de Curt, de se retirer par-devers vous, et de vous offrir, au nom de la Colonie, respect pour votre personne, admiration pour vos talens, reconnaissance pour votre dévouement au Roi et à la chose publique. Je suis flaté, Monsieur, dans une circonstance aussi heureuse, d'être particulièrement chargé de vous demander l'heure et le jour où vous recevrez la députation d'une Colonie qui a toujours aimé avec passion, les vertus des grands hommes.

Je suis, avec respect. Signé, *De Curt.*

RÉPONSE *du Ministre, adressée à M. de Curt.*

Versailles, 11 Janvier.

Je suis bien fâché, Monsieur, que mon séjour à Versailles, où les affaires me retiennent, ne me permette pas de recevoir si-tôt à Paris, la députation de Messieurs les Colons de la Guadeloupe. Je vous prie de faire part à vos Concitoyens de ma reconnaissance pour les marques d'intérêt qu'ils veulent bien prendre à ce qui me concerne, et d'agréer personnellement mes sincères remercîmens sur tout ce que vous voulez bien me dire d'obligeant.

J'ai l'honneur d'être, &c. Signé, Necker.

Après ces deux lectures, M. *Disangremel* offrit la communication de ses ouvrages sur la Guadeloupe ; sa proposition fut accueillie avec les plus vifs applaudissemens.

Il fût question ensuite de proroger l'Assemblée ; on arrêta, qu'attendu le départ de son Commissaire-Rapporteur pour Versailles, elle serait convoquée par lui, lorsqu'il le jugerait nécessaire.

Ce fut le 25 Septembre qu'elle eut lieu ; tous les Propriétaires présens à Paris y furent invités ; ceux qui ne purent s'y trouver, envoyèrent leur procuration pour nommer les deux Députés qui devaient avoir à l'Assemblée Nationale, séance et voix délibérative.

M. le Président ayant annoncé l'ordre du jour, M. *de Curt* parla en ces termes :

« Vous m'aviez choisi, Messieurs, pour » solliciter auprès de l'Assemblée Nationale, » l'admission de vos Députés. En vous ren- » dant compte de ma conduite, j'éprouve un » grand plaisir à vous annoncer le succès qui » était dû à la Colonie intéressante dont vous » avez si bien défendu les droits.

» Si votre représentation à l'Assemblée a » éprouvé quelques retards, c'est la faute des » circonstances. Renvoyés, par erreur, au Co- » mité de Rapport, vous avez perdu quinze » jours, mais vous avez trouvé auprès de » M. le Duc *de Praslin*, Président de ce » Comité, tout l'intérêt que son nom annon- » ce aux Colonies.

» Lorsqu'il renvoya votre Requête du 8 » Août dernier, au Comité des Vérifications, » la plupart des Membres qui le composaient, » attachés à d'autres Bureaux, consacraient » leurs tems à des travaux plus essentiels. Leur » Président vous nomma pourtant un Rap- » porteur, à qui je remis, d'après votre auto-

» risation expresse , expédition de l'extrait
» du procès-verbal de l'Assemblée Coloniale
» de la Guadeloupe, qui exprime son vœu
» d'être représentée à l'Assemblée Nationale.

» De la Lettre que vous aviez eu l'honneur
» d'écrire au Roi :

» De celle que le Ministre de la Marine vous
» avait répondue par ordre exprès de Sa Ma-
» jesté :

» Du procès-verbal d'élection de vos six
» Députés.

» Votre Rapporteur, qui connaît l'impor-
» tance des Colonies, qui aime toutes les
» grandes questions qui tiennent aux intérêts
» de l'Etat, et qui, sur-tout, est né pour les
» faire valoir, s'empressa de travailler au rap-
» port de la Guadeloupe ; il ne put réunir le
» Comité de Vérification, que le 13 de ce
» mois , mais ses conclusions y furent unani-
» mement adoptées.

» Pour couronner vos démarches , Mes-
» sieurs, il fallait être rapporté à l'Assemblée
» Nationale : elle était alors occupée des ma-
» tières les plus importantes ; les longues dis-
» cussions qu'elles entraînaient, retardèrent
» assez long-tems, l'audience que vous solli-
» citiez, quoique à chaque séance, vous fus-
» siez portés à l'ordre du jour.

» Enfin, le Mardi 22, la cause de la Gua-
» deloupe fut appellée ; M. le Président, en
» citant le trait de générosité, fait la veille par
» un de ses Députés, demanda à l'Assemblée,
» avec beaucoup d'intérêt, qu'elle voulût
» bien entendre le rapport du Comité de Vé-
» rification.

» M. *Barrère de Vieusac*, Député de Bigorre,
» qui en était chargé, monta à la tribune et
» dit :

MESSIEURS,

» LA Guadeloupe, occupée, en 1635, par six
» cents cinquante Français conduits par deux
» Gentilshommes, languissant d'abord sous
» des privilèges exclusifs, ne fut véritable-
» ment Française que sous Louis XIV, et par
» l'administration *de Colbert*. En 1674, tous
» les Français, sans distinction, eurent la li-
» berté de s'y fixer, et d'ouvrir les communi-
» cations avec la Métropole.

» La prospérité de cette Colonie agricole,
» fut dès – lors assurée, et ses progrès furent
» rapides depuis 1700. Elle fleurissait en 1759,
» lorsqu'elle fut conquise par les Anglais, qui,
» croyant la conserver, augmentèrent consi-
» dérablement le nombre des noirs destinés à

» ses cultures ; mais l'ambition de cette Puis-
» sance fut forcée de la restituer au mois de
» Juillet 1763.

» Elle n'avait plus d'autres obstacles à ses
» progrès, que le Gouvernement, ses systê-
» mes et ses entraves. Le Ministère le sen-
» tit, et délivra la Guadeloupe de la dé-
» pendance de la Martinique, en lui don-
» nant des Chefs directs.

» Avec très-peu de soins et de dépenses,
» la Métropole peut s'assurer de jouir long-
» tems, et tranquillement, de cette possession
» importante. Placée au milieu des établis-
» semens Anglais et Hollandais, elle doit
» parvenir d'elle-même, et par sa seule si-
» tuation, au faîte de la prospérité. Voilà sa
» position, voici le tableau de ses richesses.

» A la fin de 1755, la Colonie se trouva
» peuplée de 9643 blancs, et de 41140
» esclaves de tout âge et de tout sexe.

» En 1767, malgré la dévastation faite par
» les Anglais dans cette Ile, elle avait, avec
» ses dépendances, une population de 85
» mille 378 personnes, dont 11,863 blancs,
» 752 noirs et mulâtres libres, et 72,761
» esclaves. Je ne vous rapporterai pas les cal-
» culs de ses nombreux troupeaux, de ses
» immenses cultures et de ses riches produc-

» tions. *Caton*, le Censeur, les eût écrits,
» *Charlemagne* les aurait lus avec avidité,
» et l'Assemblée Nationale s'y arrêterait, sans
» doute, s'il s'agissait de l'administration in-
» térieure de nos Colonies. Il me suffira de
» vous présenter, pour le jugement de la dé-
» putation, l'état actuel de sa population et
» de ses impôts.

» 16 mille habitans.

» 4 mille affranchis.

» 120 mille noirs esclaves.

» 50 millions de productions coloniales,
» jettées dans la circulation du Commerce
» national.

» Deux millions versés dans le trésor pu-
» blic de la mère Patrie.

» Tel est l'état de cette Colonie. Voyons
» maintenant ce qu'elle a fait pour s'unir plus
» étroitement à la France, le 26 Février
» 1789.

» Dès que la nouvelle de la convocation
» des Etats-Généraux eut traversé les mers, la
» plus riche de vos Colonies s'empressa de
» vous envoyer des Représentans ; à peine la
» même nouvelle eut frappé les oreilles des
» habitans de la Guadeloupe, qu'ils s'assem-
» blèrent le 26 Février dernier. Voici le ré-
» sultat de cette Assemblée patriotique.

Extrait du Procès-verbal des Délibérations de l'Assemblée Coloniale de la Guadeloupe, tenue au mois de Février 1789.

» Il a été mis en question, d'après le vœu » du Comité, si dans la circonstance où les » Etats-Généraux du Royaume vont être » assemblés, il ne serait pas avantageux à » la Colonie d'y être représentée.

» Il a été arrêté que la Colonie devait sol- » liciter cette faveur, et qu'en conséquence » Messieurs du Comité seraient chargés de » rédiger à cet effet, un Mémoire qui se- » rait remis à Messieurs les Administrateurs, » avec prière de l'adresser au Ministre ».

» Signé à la minute de tous les Membres » du Comité colonial.

» Certifié conforme à l'expédition déposée » entre les mains du Commissaire-Rapporteur, » nommé en l'Assemblée des Colons de la Gua- » deloupe, présens à Paris, par nous Députés » vers l'Assemblée Nationale. Paris, le 8 Août » 1789. Signé, *de Curt*, Commissaire-Rapporteur.

» En vertu de cette Délibération, les Co- » lons de la Guadeloupe, assemblés à Paris, » se sont adressés au Roi, pour connaître et » suivre les formes qui devaient les introduire » dans l'Assemblée Nationale : voici la Lettre

» qu'ils ont eu l'honneur d'écrire à Sa Ma-
» jesté ».

SIRE,

LES Colons de la Guadeloupe, assemblés par les ordres de Votre Majesté, au mois de Février dernier, examinaient s'il ne leur serait pas avantageux d'être représentés à l'Assemblée Nationale. Ils furent tous d'avis d'en solliciter la faveur, et le Comité colonial fut chargé de rédiger un Mémoire qui a dû être adressé au Ministre de la Marine, pour en être rendu compte à Votre Majesté.

C'est ce vœu unanime, Sire, que les Colons de la Guadeloupe, présens à Paris, s'empressent de mettre aux pieds de Votre Majesté; il est de la plus grande importance pour eux, et pour leurs frères, qu'elle daigne les protéger, et cette importance s'étend jusqu'au bien général du Royaume.

L'Assemblée Nationale, Sire, s'occupe en ce moment de la Constitution; cependant la Guadeloupe n'y a aucun Représentant, et si quelque article de cette Constitution blessait les droits des Colons, contrariait les principes de la localité, mettait des entraves aux progrès des cultures et du commerce, nuisait aux rapports qui doivent exister entre cette Colonie et la Métropole, la Guadeloupe se trouverait exposée à des maux, peut-être irréparables , faute d'avoir été entendue, faute d'avoir pu instruire la religion de l'Assemblée Nationale.

Frappés de ces inconvéniens , entraînés par le besoin de les prévenir , vos fideles Colons , Sire , se sont réunis pour chercher les moyens d'y remédier. Leurs premiers regards se sont tournés vers le Ministre de Votre Majesté , chargé du Département de la Marine , qui nous a laissé connaître des dispositions favorables.

Encouragés par ce premier succès , pressés d'ailleurs par les circonstances , les Colons de la Guadeloupe ont nommé six Commissaires , avec pouvoir de les représenter dans tout ce que la prudence pourra leur suggérer.

Nous sommes , Sire , ces Commissaires nommés par les Colons de la Guadeloupe ; c'est en leur nom , que nous supplions Votre Majesté d'approuver leur conduite , d'accueillir leur vœu et d'autoriser nos démarches , à l'effet d'obtenir des Représentans à l'Assemblée Nationale.

Daignez-vous rappeller , Sire , que nous parlons pour une Colonie qui, depuis cent cinquante ans , fait son bonheur & sa gloire d'appartenir à la France , qui a soutenu trois sièges sans autre secours que son propre courage ; qui a mieux aimé voir ses biens pillés, dévastés, incendiés, que de se soumettre à une domination étrangère; qui alimente le commerce national de trente millions de denrées; enfin, Sire, daignez vous rappeller que cette Colonie intéressante par son commerce et ses cultures, ne contient pas un seul habitant qui ne soit au fond du cœur, un de vos sujets les plus fideles.

Nous sommes avec le plus profond respect, Sire, de Votre Majesté,

Les très-humbles, très-soumis et très-fideles Sujets,

Les Commissaires de la Guadeloupe.

Signé, *De Curt*, Commissaire-Rapporteur.

Le 8 Août dernier, ils reçurent du Ministre de la Marine, la réponse suivante.

Versailles, le 8 Août 178.

Je n'ai pu, Messieurs, remettre que ce matin au Roi, la lettre dont vous m'avez chargé hier pour Sa Majesté: les Députés de la Colonie de Saint-Domingue, ayant été admis dans l'Assemblée Nationale, il est très-juste que vous vous y adressiez pour obtenir d'y être représentés, et le Roi me charge de vous mander qu'il agréera les demarches que vous ferez à cet effet. Ne doutez pas du plaisir personnel que j'ai de vous l'annoncer, et recevez les assurances de l'attachement sincère avec lequel j'ai l'honneur d'être, Messieurs, votre très-humble et très-obéissant serviteur. Signé *La Luzerne*.

Certifié conforme à l'original déposé entre les mains du Commissaire-Rapporteur nommé en l'Assemblée des Colons de la Guadeloupe, par nous Députés vers l'Assemblée Nationale. Paris, le 8 Août 1789.

Signé, *De Curt*, Commissaire-Rapporteur.

« Dès la lettre ministerielle reçue, les » mêmes Colons assemblés à Paris, après » une convocation régulière, ont nommé » six Députés, par la voie du scrutin ».

Procès-verbal d'élection des Députés, faite par l'Assemblée des Colons de la Guadeloupe, présens à Paris.

« Nous soussignés habitans et propriétaires » dans la Colonie de la Guadeloupe, assem- » blés à Paris, d'après le vœu connu et expri- » mé dans le procès-verbal des délibérations » de l'Assemblée Coloniale de ladite Ile, » tenue au mois de Février 1789, lequel pro- » cès-verbal est annexé à la minute du pré- » sent, et en vertu de l'autorisation expresse du » Roi, avons procédé dans notre assemblée de » ce jour, présidée par M. *Guillon*, nommé

» à l'unanimité du scrutin, à l'élection de six
» Députés vers l'Assemblée Nationale, aussi
» par la voie du scrutin.

» Vérification faite, en présence des Com-
» missaires nommés à cet effet, ont été élus à
» la grande majorité, Messieurs *Guillon, de
» Curt*, le Marquis *de Dampierre, de Boyvin*, le
» Vicomte *de Galbert*, et *du Bois*, lesquels ont
» promis, par serment, de se retirer par-devers
» l'Assemblée Nationale, à l'effet d'y présenter
» une Requête expositive du vœu de la Guade-
» loupe, d'y être représentée, et demanderont
» d'y admettre sés Députés nommés provisoi-
» rement, jusqu'à ce qu'ils soient confirmés, ou
» remplacés, selon les formes que l'Assemblée
» nationale voudra lui prescrire.

» Signé à la minute, les habitans et pro-
» priétaires dans l'île de la Guadeloupe, pré-
» sens à Paris.

» Certifié conforme à l'original déposé entre
» nos mains, par Nous Commissaire-Rappor-
» teur. Signé, *De Curt.*

» C'est en cet état qu'ils ont eu l'honneur
» de présenter à l'Assemblée Nationale leurs
» hommages, leur fidélité, et leur adresse
» tendante à l'admission de leurs Députés
» nommés provisoirement, jusqu'à ce qu'ils
soient

» soient confirmés, ou remplacés selon les
» formes que votre sagesse indiquera.

» Tels sont les faits : voici les questions
» qui en dérivent, si j'en excepte celle de
» leur admission, qui est déjà jugée par la
» Colonie de Saint-Domingue.

» Française d'origine, comme elle ; Fran-
» çaise par son administration, par ses pro-
» priétaires, par son commerce et par les
» tributs qu'elle paye à la Métropole, la Gua-
» deloupe a le droit de prendre sa place dans
» l'Assemblée Nationale. Si elle n'a pas reçu
» des lettres de convocation, elle a eu, de
» plus que Saint-Domingue, l'autorisation
» du Roi, pour réclamer une juste représen-
» tation dans l'Assemblée Nationale, ce qui
» équivaut à des lettres de convocation.
» D'ailleurs, lors de l'admission des Députés,
» vous avez condamné les motifs ministé-
» riels qui auraient pu empêcher leur convo-
» cation, et les raisons d'Etat qui les au-
» raient fait oublier. Vous ne vous êtes point
» arrêtés à ce défaut de lettres de convoca-
» tion et vous avez pensé que, si l'île de
» Corse, possession conquise, avait été
» appellée, il y avait encore plus de rai-
» sons d'admettre des Colonies qui n'avaient
» jamais cessé d'être Françaises.

C

« La seconde question est de savoir si les
» formes de l'élection des Députés est régu-
» lière, et si leurs pouvoirs sont suffisans.
» D'après l'examen que le Comité a fait des
» Procès-verbaux, il a pensé que ces nomina-
» tions pourraient être plus régulières et plus
» directes ; cependant la marche suivie par
» les Colons de la Guadeloupe, et par leurs
» Représentans à Paris, est suffisante pour
» montrer, d'un côté, le vœu exprès des
» Colons d'être représentés, et de l'autre,
» le pouvoir donné à Messieurs du Comité
» séant à Paris, de parvenir à cette repré-
» sentation.

» C'est en vertu de ces pouvoirs géné-
» raux, que les habitans et propriétaires de
» la Colonie se sont assemblés à Paris ; c'est
» d'après le vœu exprimé dans le procès-
» verbal des délibérations de l'Assemblée co-
» loniale, du 26 Juillet, qu'ils ont procédé,
» par la voie du scrutin, à l'élection de six
» Députés.

» En effet, la délibération du 26 Février,
» leur a transmis le pouvoir de nommer des
» Députés, comme une suite nécessaire du
» pouvoir d'obtenir la représentation de la
» Colonie dans l'Assemblée Nationale.

» Etant autorisés par le Roi, à s'y présenter

» le 8 Août dernier, il était impossible que
» la Guadeloupe fût représentée, si elle avait
» dû nommer elle-même ses Députés à l'As-
» semblée Nationale. Placée à quinze cents
» lieues de la Métropole, elle aurait vu s'é-
» couler six mois entiers, avant de parvenir
» à une pareille représentation, c'est-à-dire,
» que ses Députés auraient bien pu se trou-
» ver à Versailles quand l'Assemblée Na-
» tionale sera séparée. Cependant voici le
» moment précieux de la Constitution ; les
» Députés de la Guadeloupe sont revêtus des
» pouvoirs généraux de la Colonie, qui veut
» y coopérer ; ils sont nommés dans les for-
» mes ordinaires du scrutin, et par des Co-
» lons qui peuvent être considérés comme
» Electeurs, d'après le vœu de l'Assemblée
» coloniale du 26 Février, tendant à obte-
» nir une représentation.

» Les Députés qui se présentent, se sou-
» mettent d'ailleurs à rapporter leur confir-
» mation par la Colonie, et ne réclament
» que l'admission provisoire jusqu'à ce mo-
» ment, ou jusqu'à ce qu'ils soient remplacés
» dans les formes que l'Assemblée Nationale
» jugera nécessaires.

» Dans ces circonstances, le Comité a
» pensé que leur élection était aussi régulière

» que les circonstances de l'éloignement pou-
» vaient le permettre, et que leurs pouvoirs
» étaient admissibles, sauf confirmation, afin
» que leur nomination obtienne incontesta-
» blement ce caractère *direct* d'universalité
» et de liberté, que la Loi exige pour leur par-
» faite validité.

» La troisième question est la plus impor-
» tante, c'est celle du nombre des Députés
» qui seront admis.

» Le Comité de la Guadeloupe en a nommé
» six, et la Colonie de Saint-Domingue, qui
» est plus considérable de la moitié, n'a ob-
» tenu de votre justice, qu'un pareil nombre.

» Le principe admis, jusqu'à présent, pour
» régler la mesure de la représentation dans
» les Provinces du Royaume, a été de com-
» biner la population et les impôts ; mais
» vous avez pensé que ce thermomètre était
» inapplicable aux Colonies ; vous avez cru
» que l'importance et l'étendue de ces posses-
» sions, la nature des propriétés et des cul-
» tures, le nombre immense des Noirs, et les
» sommes considérables que les Colonies
» versent dans la balance du commerce, ou
» dans le Trésor public, étaient des consi-
» dérations importantes qui formaient une
» exception pour les Colonies.

» Ainsi, pour graduer leur représentation,
» d'après d'autres principes appliqués aux
» Provinces du Royaume, je vous remettrai
» rapidement les différentes bases de la dé-
» cision du Comité.

» 1.º La population.
» 16 mille Colons.
» 4 mille Affranchis.
» 120 mille Noirs.

» Je sais que l'humanité s'afflige de ce der-
» nier calcul de la politique et du commerce ;
» mais si on ne peut pas mettre les 120 mille
» Noirs au nombre des Représentés, on ne
» doit pas au moins les abaisser au nombre des
» bêtes de somme, et vous devez apperce-
» voir dans cette Ile, une masse de popula-
» tion, qui équivaut à plus d'un tiers de celle
» de Saint-Domingue.

» 2.º Quant à la division judiciaire de la
» Guadeloupe, elle est faite en trois Séné-
» chaussées, mais vous avez cru ne devoir
» pas la suivre dans le réglement du nombre
» de Députés de Saint-Domingue.

» Ces trois Sénéchaussées qui ressortissent
» nûment au Conseil Souverain séant à la basse
» terre, peuvent être considérées comme Bail-
» liages principaux, formant des quartiers
» différens. On vous dit que c'est d'après une

» pareille division, en trois parties, que vous
» avez accordé à Saint-Domingue deux Dé-
» putés par quartier ; mais le Comité a pensé
» que la division judiciaire ne devait avoir
» aucune influence sur la mesure de la repré-
» sentation.

» 3.° Les impôts. Le Roi perçoit annuelle-
» ment à la Guadeloupe un million sur la
» sortie des denrées coloniales, par une ca-
» pitation sur les Noirs et sur les Blancs ou-
» vriers, par un droit sur les cabarets, sur
» l'industrie, sur les loyers des maisons, et
» l'entrée des denrées d'Europe sujettes au
» poids.

» Les droits du Domaine d'Occident peu-
» vent s'élever à un autre million.

» Enfin, les droits prélevés sur les objets
» de consommation que le commerce fournit
» à la Guadeloupe, sont incalculables par
» leurs subdivisions.

» 4.° La Navigation.

» La Guadeloupe reçoit des différens Ports
» de France environ cent navires, du port
» d'environ 25 mille tonneaux, et cette na-
» vigation occupe au moins trois mille ma-
» telots.

» D'après ces bases combinées, il semble-
» rait d'abord que la Guadeloupe pourrait ob-

» tenir trois Députés, un par Bailliage, ou
» quartier.

» Mais le Comité a cru que ces bases de
» représentation ne sont pas toutes égale-
» ment solides. Les esclaves ne peuvent rien
» défendre, pas même leur liberté ; cette po-
» pulation est donc nulle pour la représenta-
» tion. Les gens de couleur ne sont pas ap-
» pellés à la nomination des Représentans,
» ils ne doivent donc pas entrer en ligne de
» compte ; les matelots ne sont d'aucun pays,
» et une partie des impôts perçus sur les den-
» rées coloniales, est payée par les consomma-
» teurs de France.

» Dans ces circonstances, le Comité a
» pensé que, comme la division en trois Or-
» dres est ignorée dans les Colonies, deux Dé-
» putés suffiraient, et qu'en conséquence, les
» Députés se réduiraient eux - mêmes, sauf
» confirmation, en observant que la déci-
» sion portée pour cette première Assemblée
» Nationale, ne tirera point à conséquence »,
sauf à statuer ultérieurement sur le mode et la
mesure de la représentation des Colonies.

« Après avoir pesé et combiné, dans la sa-
» gesse de l'Assemblée, tous les intérêts de
» politique, d'administration, d'imposition, et

» de commerce, que ce genre de possessions
» présente.

» Le Comité a pensé aussi que c'était se
» conformer à vos principes, d'admettre les
» autres Députés au *droit de séance*, comme
» vous l'avez accordé à tous les Députés de
» Saint-Domingue.

» C'est ainsi, Messieurs, qu'en resserrant
» les nœuds qui lient les Colonies à la Mé-
» tropole, vous fortifierez vos rapports avec
» celle qui, depuis 150 ans, n'a cessé de don-
» ner des preuves de son patriotisme ».

M. *Barière de Vieusac* ayant cessé de parler, M. le Président demanda si quelqu'un
des honorables Membres avait des observa-
tions à faire ; un cri général s'étant fait entendre pour aller aux voix, le vœu de l'Assemblée fut interrogé à la manière accoutu-
mée, et l'avis du Comité fut unanimement
adopté, sans discussion préalable.

« L'Assemblée de vos frères, Messieurs,
» ayant entendu le rapport de votre admis-
» sion à l'Assemblée Nationale, applaudit
» aux mesures prises pour l'accélérer, et pour
» se conformer au décret rendu le 22, elle
» procéda, ainsi qu'il suit, à la nomination
» des Députés qui devaient avoir voix dé-
» libérative ».

Extrait du Procès-verbal de l'Assemblée de Messieurs les Habitans et Propriétaires dans la Colonie de la Guadeloupe, tenue à Paris le 25 Septembre 1789.

M. *Guillon* la présidant,

M. *de Curt* y fit lecture du décret de l'Assemblée Nationale, rendu le Mardi 22 du présent mois, par lequel elle a admis la députation de la Guadeloupe, composée de Messieurs *Guillon*, *de Curt*, le Marquis *de Dampierre*, de *Boyvin*, le Vicomte de *Galbert* et *du Bois*, nommés par la voie du scrutin : de manière cependant, que deux desdits Députés seulement ayent voix délibérative, et les quatre autres, reçus comme Suppléans, jouissent des mêmes droits que Messieurs les Députés suppléans de Saint-Domingue.

L'Assemblée des Colons de la Guadeloupe, pour exécuter le décret de l'Assemblée Nationale, a procédé, par la voie du scrutin, au choix des deux Députés appellés avec voix délibérative.

Les scrutins levés et vérifiés par les Commissaires nommés à cet effet, M. *de Curt* a été nommé premier Député, à une très-grande majorité, et il a accepté.

Les mêmes formes ayant été employées pour le choix du second Député, M. le

Marquis *de Dampierre* a réuni, en sa faveur, la grande majorité, mais il a observé, qu'obligé de s'absenter pour des affaires importantes, il priait l'Assemblée d'accepter sa démission. Des regrets honorables ont prouvé à M. le Marquis *de Dampierre*, combien l'Assemblée avait compté sur son zèle et sur ses moyens.

Il a été, de suite, procédé à un troisième scrutin dans les mêmes formes ; le résultat a été en faveur de M. *de Galbert*, qui a réuni la pluralité des voix, et il a accepté.

Lecture faite de l'élection des Députés qui doivent être Membres de l'Assemblée Nationale, il a été arrêté que le Commissaire-Rapporteur lui adresserait le procès-verbal, comme contenant le vœu général, pris librement et légalement, de tous les Colons.

Et d'après le départ annoncé de M. *du Bois*, un des quatre Suppléans, à la conduite de qui l'Assemblée des Colons a donné des éloges, il a été procédé, par la même voie du scrutin, et avec les mêmes formes, à son remplacement ; à la pluralité des voix, M. le Chevalier *Filassier* a été nommé, et il a accepté.

Et ont signé tous les Membres de l'Assemblée des Colons de la Guadeloupe.

M. *de Boyvin* , dont vous connaissez ; Messieurs , le zèle et les talens , avait annoncé qu'il lui serait impossible d'accepter la députation avec voix délibérative, sa santé ne lui permettant pas de séjourner à Versailles. Il éprouva dans cette occasion, par les regrets de l'Assemblée, combien elle sait apprécier le mérite.

Vos frères, Messieurs, s'occuperent de former un Comité permanent, composé d'un Président, de deux Secrétaires, des six Députés et de cinq autres Membres.

Ce Comité, auquel tous les Colons de la Guadeloupe auront droit, et seront invités d'assister avec voix déliberative, s'assemblera tous les Dimanches, et plus souvent, si la circonstance l'exige. Il correspondra avec vous, Messieurs, sur les intérêts de la Colonie ; il recevra vos ordres , et en attendant, il dictera à vos Députés, les réclamations à faire, tant à l'Assemblée Nationale, qu'auprès du Ministre.

Les procès-verbaux de vos Assemblées coloniales, qui sont en sa possession, lui indiqueront les objets sur lesquels vous avez déjà manifesté vos vœux, et en leur donnant toute l'extension que les circonstances autorisent, d'après les intentions paternelles du meilleur des Rois, intentions que les Chefs qui vous gouvernent sauront si bien seconder, vos frères parviendront, sans doute, à perfectionner l'organisation de votre Assemblée coloniale, de manière qu'aucune influence ne puisse arrêter le bien que vous êtes en état de faire (1).

Vos Députés, Messieurs, ont ordre de solliciter, auprès de l'Assemblée Nationale, la décision ultérieure sur le mode et la mesure de votre représentation ; le Comité aura soin de vous la faire parvenir aussi-tôt qu'elle sera sanctionnée par le Roi, afin que vous soyez en état de faire une élection régulière pour la prochaine législature ; car il est vraisemblable que l'Assemblée Nationale aura terminé ses importans travaux, avant que vous ne puissiez manifester vos sentimens sur la conduite de vos frères.

Voilà, Messieurs, ce qu'ils ont fait, ce qu'ils se proposent de faire pour la cause commune. Vous reconnaîtrez, sans peine, aux formes qu'ils ont employées, à celles qui ne cesseront de diriger leurs démarches, ce

____

(1) Messieurs le Baron *de Clugny*, et *de Vievigne*, Gouverneur & Intendant, sont connus par leur attachement aux véritables intérêts de la Guadeloupe.

caractère de décence et de loyauté qui vous a toujours distingués ; vous ne verrez pas, sans un mouvement de sensibilité, la constance qu'ils ont mise dans leurs sollicitations, et les succès qui en ont été le prix. Enfin, si quelque chose peut leur garantir, d'avance, l'universalité de vos suffrages, c'est, sans doute, d'avoir à vous annoncer que le vœu le plus cher et le plus utile que vous ayez jamais formé, a été approuvé par le plus juste des Rois, et couronné par un décret de l'Assemblée Nationale.

Paris, le 29 Septembre 1789.

Signé, *De Curt.*

Le Comité des Colons de la Guadeloupe, présent à Paris, ayant entendu le rapport fait par M. *de Curt*, Député à l'Assemblée Nationale, lui a voté, unanimement, des remercîmens, en applaudissant au travail très-intéressant pour la Colonie, dont il a fait lecture.

Arrêté, en outre, que ce rapport sera imprimé et adressé sans délai à ses frères de la Guadeloupe, par les voies les plus sûres et les plus promptes.

Fait à Paris, le 30 Septembre 1789. Signé, *Poyen de Ligny*, *Pujol de Château-Brun*, *de Lorme*, *Fillassier*, *Boyvin*, *Guillon*, *de*

Saint - Simon, le Comte de Galbert, Giraud
de Charbonnière, Sargenton, Lacombe, B. Butel Sainte-Ville, de Trogoff, Beauplan, Bu-
dan, Coudroy, Disangremel, Rannoüe, Au-
clebert, le Marquis de Dampierre, Rolland,
Couppé de Kervénnou, Cabanis, Lavielle,
Vertille, le Grand, le Chevalier de Saint-
Pierre, le Chevalier de Mallevault, Zénon
Douillard, Courtois, Papin, Mercier, Pinel
de la Palun.

Collationné conforme à la Délibération de
ce jour. Paris, le 3 Septembre 1789.

Signé, DELORME, Secrétaire du Comité
de la Guadeloupe.